A Frances, apasionada de los perros,
el arte y los libros, no sé en qué orden

G. L. L.

VISTA™

© Del texto: 2023, Georgina Lázaro León

© 2023, Vista Higher Learning, Inc.
500 Boylston Street, Suite 620
Boston, MA 02116-3736
www.vistahigherlearning.com
www.loqueleo.com/us

Dirección Creativa: José A. Blanco
Vicedirector Ejecutivo y Gerente General, K–12: Vincent Grosso
Desarrollo Editorial: Salwa Lacayo, Lisset López, Isabel C. Mendoza
Diseño: Ilana Aguirre, Radoslav Mateev, Gabriel Noreña, Verónica Suescún,
    Andrés Vanegas, Manuela Zapata
Coordinación del proyecto: Karys Acosta, Tiffany Kayes
Derechos: Jorgensen Fernandez, Annie Pickert Fuller, Kristine Janssens
Producción: Esteban Correa, Oscar Díez, Sebastián Díez, Andrés Escobar,
    Adriana Jaramillo, Daniel Lopera, Juliana Molina, Daniela Peláez, Jimena Pérez

Ilustraciones: Néstor Ocampo

Foto de Picasso con Lump en la página 47: David Douglas Duncan/Harry Ransom
Center, The University of Texas at Austin, publicada con permiso de Harry Ransom
Center, The University of Texas at Austin.

¡Ay, cuánto daría!
ISBN: 978-1-54338-223-5

Printed in the United States of America

1 2 3 4 5 6 7 8 9 GP - GASC001 28 27 26 25 24 23

¡Ay, cuánto daría!

Georgina Lázaro León
Ilustraciones de **Néstor Ocampo**

Pensando que era
común y corriente,
cruzando las patas
y caridoliente…

Así me quejaba
de mi mala suerte:
¡Ay, cuánto daría
por ser diferente!

4

Nací en Alemania
junto a seis hermanos
todos igualitos,
parejos, rayanos.

No me distinguía,
no era especial.
Semejante a todos,
típico, normal.

Pero un día un señor
de un país lejano
me habló con cariño
y lamí su mano.

Me tomó en sus brazos
y me llamó Lump,
y ya no sentí
que era tan común.

Luego me acercó
a su corazón
y tierno me dijo:
"Eres un bribón".

Por su gesto amable
me sentí distinto.
Respondí a su amor
casi por instinto.

Y entonces surgió
un nuevo deseo:
¡Ay, cuánto daría
por ir de paseo!

Y como en los cuentos
(¡Qué felicidad!)
muy pronto el capricho
se hizo realidad.

En su auto veloz
a Roma viajamos;
rápido por trechos,
ligero por tramos.

Y supe al final
de nuestro camino
cómo se reía,
burlón, mi destino.

Quería ser distinto.
¡Ay, qué desconcierto!
Sí, lo había querido...
y ahora era más cierto.

Al abrir la puerta
de aquel nuevo hogar
del suelo se alzaba
un hermoso can.

De pelo abundante,
muy fino y sedoso.
De espléndido porte,
distante, orgulloso.

Con sus patas largas,
con su largo cuello...,
por su gesto altivo,
se veía más bello.

Y yo, tan distinto.
"Mas bien disparejo",
desde el otro lado
gritaba el espejo.

Con mis patas cortas,
con mi corto pelo
y mi cuerpo largo
pegado del suelo.

Quise ser su amigo,
pero aquel coloso
no me perdonaba;
estaba celoso.

Por ese tormento
un deseo añadí:
¡Ay, cuánto daría
por irme de aquí!

Y entonces un día
nos fuimos a Francia
y entre el monstruo y yo
pusimos distancia.

En una mañana
de sol y de flores,
mi vida ganó
risas y colores.

A una hermosa villa
llegamos al fin:
salas y balcones
y un bello jardín.

Y dije muy bajo,
solo para mí,
¡Ay, cuánto daría
por quedarme aquí!

Y allí me quedé;
no sé qué pasó.
El genio de un cuento
seguro me oyó.

En aquel lugar
juntos convivían
seres muy distintos
en gran armonía.

Había una cabra
llamada Esmeralda,
con aire de reina,
esbelta y gallarda.

Y por las terrazas,
salas y salones
volaban palomas...
diez, muchas, montones.

También había un perro,
como yo, alemán.
Igual que yo, feo.
Su nombre era Yan.

Al verlo pensé
en aquel de Roma.
(No quiero nombrarlo
ni en serio ni en broma).

Fue entonces que dije
hablando conmigo:
¡Ay, cuánto daría
si fuera mi amigo!

Parecía muy fiero,
de áspero ademán,
pero era tan dulce...
Bueno como el pan.

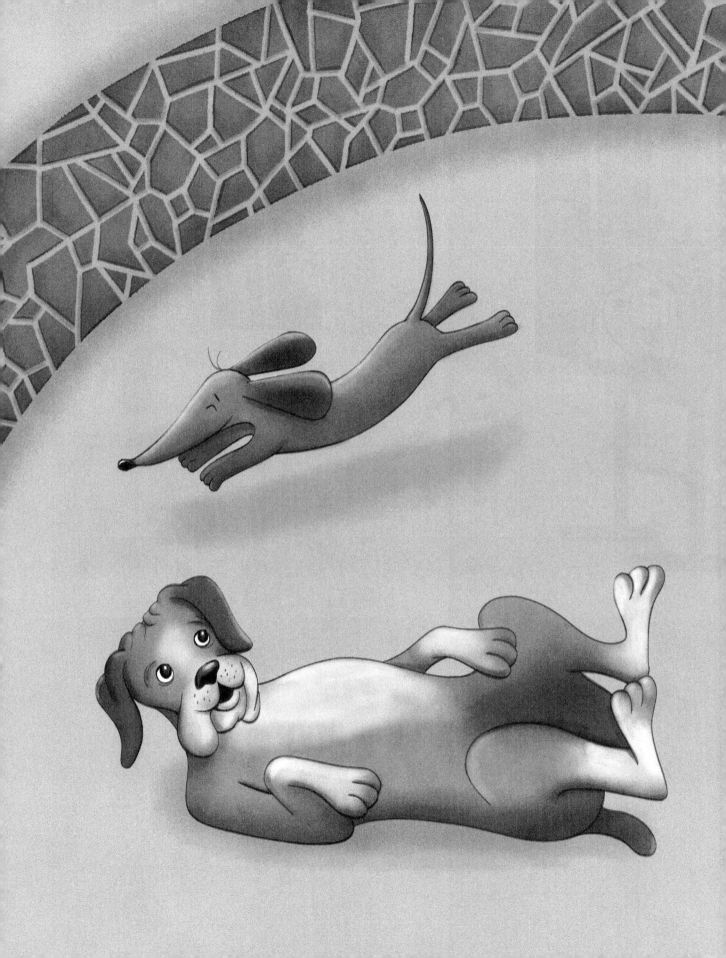

Él movió su cola.
Yo moví la mía.
Y fuimos amigos
aquel mismo día.

Él tan grande y gordo
con su cola corta.
Yo tan largo y bajo...
¡Pero eso qué importa!

En aquella casa
alegre y confusa
para ser feliz
siempre había una excusa.

Cantaba una dama.
Cantaba un canario.
Jugaban dos niños
sin reglas ni horario.

Y entre las palomas
el perro y la cabra,
adentro un ambiente
de abracadabra.

Brochas y pinceles,
raras esculturas,
extraños retratos,
brillantes pinturas.

Papeles y lienzos,
sillas y sillones,
botellas y cuadros,
floreros, florones.

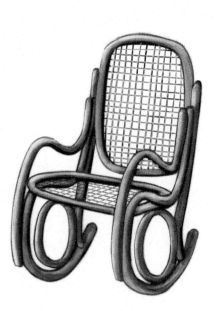

Y en aquel barullo
de seres y cosas
jugaba un señor
de manos virtuosas.

Era un poco viejo.
Era calvo… un poco.
Era un poco raro.
Era un poco loco.

Era cariñoso
y yo, como era...
me dije enseguida:
"¡Ay, si me quisiera!".

Y del dicho al hecho
no hubo largo trecho.
Su mirada dulce
le cantó a mi pecho.

Allá en su taller
donde nadie entraba
le hacía compañía
mientras trabajaba.

Por toda la casa
iba detrás de él
llevando una piedra
que ataba un cordel.

Él me la tiraba.
Yo la recogía.
Nunca se cansaba
de mi tontería.

Pedí otro deseo.
(¿Ya van seis o siete?)
¡Ay, me encantaría
tener un juguete!

Y entonces mi amigo
me dejó perplejo.
Con un cartón blanco
me hizo un conejo.

Y luego, otro día,
que estaba aburrido,
quiso hacer por mí
algo divertido.

Después de observarme,
pintó mi retrato
con dos o tres trazos
en medio de un plato.

No sé por qué hechizo
—no pedí un deseo—
al mirar su obra
no me vi tan feo.

No sé si por magia
o acto prodigioso
al mirar su obra
me sentí precioso.

Pasaban los días
uno y después, otro.
La vida seguía
igual que nosotros.

A la casa aquella
llegaban artistas,
poetas, fotógrafos
y hasta periodistas.

Llegaban en autos,
llegaban en motos.
Miraban sus cuadros.
Le tomaban fotos.

Le hacían preguntas,
atendían atentos.
Llegaban alegres,
se iban contentos.

Entonces un día
supe que mi amigo
era un gran pintor
muy reconocido.

¿No era sorprendente?
¿No era asombroso?
Se llamaba Pablo
y era muy famoso.

¿No era extraordinario?
¿Portentoso, acaso?
Se llamaba Pablo...
Sí, Pablo Picasso.

Y volví a pedir
como pedí antes:
¡Ay, cuánto daría
por ser importante!

Queriendo intentarlo
busqué la paleta
y mojé mis patas
de azul y violeta.

Convertí mi cola
en fino pincel.
y un dibujo extraño
hice en un papel.

Mi obra maestra
no causó emoción.
Y para una muestra
un solo botón.

No sería pintor,
ya eso lo sabía.
Pero ser famoso
es lo que quería.

Mientras él pintaba
lo miraba atento
con la idea fija
en mi pensamiento.

Vi que me observaba
y volvía a pintar.
Miraba otro cuadro.
Me volvía a mirar.

Cuando terminó
y me dejó ver,
de tanta emoción
no supe qué hacer.

Junto a una princesa
y otros dignatarios
sorprendido vi
algo extraordinario.

En aquella obra,
como un garabato,
de frente veía
mi propio retrato.

Me puse contento,
casi turulato.
Supe que saldría
del anonimato.

Y así mismo fue;
ahora soy famoso.
Me siento querido.
Me siento orgulloso.

Ya sé que no soy
común y corriente.
La gente me mira.
Me admira la gente.

Él me hizo especial.
Se cumplió el deseo.
Mi retrato está
en un gran museo.

Y un nuevo capricho
surge en mi chistera:
¡Ay, cuánto daría
porque tú lo vieras!

NOTA DE LA AUTORA

Lump, un gracioso perro salchicha, nos cuenta sobre su vida, sus aventuras, sus sueños y sus experiencias durante su estadía en Villa La Californie, cerca de Cannes.

Pero apenas nos habla del amigo que lo acogió en su hogar; aquel señor "un poco viejo, un poco calvo, un poco raro, un poco loco". Su nombre era Pablo y de niño había sido un estudiante desaplicado y muy distraído, pero con una especial facilidad para el dibujo que su papá, don José, un profesor de arte, guio y estimuló.

42

Por sus obras —muchísimas, variadas, geniales, revolucionarias— se hizo famoso desde su juventud. Era admirado y solicitado por muchas personas célebres y poderosas, y tenía éxito y fama. Sin embargo, siempre fue un hombre sencillo, generoso, alegre y muy trabajador, con una enorme capacidad creadora. Fue un enamorado de la vida, de los barrios bohemios de París, de los arlequines y los personajes del circo, de la luz y el color del Mediterráneo, de los toros, de la gente sencilla y de las mujeres hermosas. Con su esfuerzo, dedicación y habilidad se convirtió en quien hoy conocemos como Pablo Picasso, un genio del arte contemporáneo. Un español que pasó sus últimos años en el sur de Francia trabajando en un estilo muy personal, con colores vivos y alegres y formas extrañas; como quien juega, con una alegría conmovedora, con una pasión radiante.

Picasso era un estudioso del arte, un pintor de pinturas. Pensaba que en las obras de arte del pasado había importantes temas para expresar en nuevas obras. En la década de 1950, realizó numerosas series sobre grandes obras clásicas de la pintura que reinterpretó a modo de homenaje. Entre agosto y diciembre de 1957, el año en que Lump llegó a su vida, Picasso, que tenía 76 años, estudió a Diego Velázquez, el más importante pintor español del siglo XVII. Encerrado en su estudio del segundo piso de su residencia señorial, donde solo entraba Lump, quiso darnos su interpretación de la famosa obra de Velázquez, *Las Meninas*. En el cuadro original, que retrata una escena de la familia de un rey, aparece un enorme perro de caza real.

Enfrascado en una actividad creadora febril, pintó cincuenta y ocho versiones de *Las Meninas* en las que estudió la perspectiva y la luz, cambió los colores, eliminó personajes, reemplazó el formato vertical por uno horizontal, añadió elementos nuevos, como balcones y palomas, y sustituyó al enorme mastín real por su pequeño y querido perro salchicha, Lump, que de esta forma quedó inmortalizado.

Hoy estas obras se encuentran en el Museo Picasso de Barcelona. En quince de ellas aparece Lump según la interpretación que hace el famoso artista.

¡Ay, cuánto daría por verlo!

¿Quieres ver los cuadros de los que se habla en esta historia?

Para ver la pintura original de *Las Meninas* de Diego Velázquez, puedes visitar la página web del Museo del Prado escribiendo este URL en el buscador de tu navegador de Internet:

> 🔍 museodelprado.es

Haz clic en la lupa, escribe **Las Meninas**, y selecciona la pintura de Diego Velázquez.

Para ver las obras que creó Picasso inspirado en *Las Meninas* de Velázquez, varias de las cuales incluyen a Lump, puedes visitar la página web de la Fundación Pablo Picasso escribiendo este URL en el buscador de tu navegador de Internet:

> 🔍 cataleg.museupicasso.bcn.cat/?lang=es

En el espacio para buscar escribe **Las Meninas**.

También puedes hacer tu propia búsqueda escribiendo en el buscador de tu navegador de Internet palabras claves como estas:

> 🔍 Meninas Velazquez

> 🔍 Meninas Picasso

Cuando salgan los resultados, selecciona **Imágenes** (o **Images** si tu buscador está configurado en inglés) para que solo veas los cuadros.

¡Disfruta tu encuentro virtual con estas importantes obras de arte!

¿Quiénes son los personajes perrunos de esta historia?

Narrador: Lump
Raza: salchicha

Perro de Roma: Giant
Raza: pastor afgano

**Perro de Villa
La Californie:** Yan
Raza: bóxer

Pablo Picasso es uno de los artistas plásticos más conocidos de todos los tiempos. Nació el 25 de octubre de 1881, en Málaga, España, y falleció el 8 de abril de 1973 en Mougins, Francia, a los 91 años de edad. Su padre, instructor de arte y pintor, le enseñó todo sobre esa profesión. Desde muy temprana edad, Pablo pintaba cuadros que mostraban su excepcionalidad, y a los 13 años, cuando hizo su primera exposición, ya aventajaba a su padre en la destreza con el lápiz y el pincel.

Picasso es considerado uno de los mayores genios de la historia del arte, ya que desarrolló, junto con otros artistas amigos, una técnica llamada *cubismo*. Este movimiento rompió con la estructura del arte tradicional ya que elimina la representación en tercera dimensión (ancho, largo y profundidad) y se caracteriza por la deformidad de los cuerpos, y la utilización de figuras geométricas y líneas rectas.